जज़्बात

एक सफ़र

Nitin Khanna

BookLeaf Publishing
India | USA | UK

Made with ❤ on the BookLeaf Publishing Platform
www.bookleafpub.in
www.bookleafpub.com

Dedication

यह पुस्तक जीवन की उन सभी मौन शक्तियों को समर्पित है जो हमें ऐसे तरीकों से आकार देती हैं जिन्हें हम अक्सर बहुत बाद में ही समझ पाते हैं—हमारे माता-पिता जो हमारे सपनों को पोषित करते हैं, हमारे शिक्षक जो हमारे मार्ग को रोशन करते हैं, हमारे मित्र और परिवार जो हर चुनौती में हमारे साथ खड़े रहते हैं, और हर पाठक जो शब्दों और विचारों की शक्ति में विश्वास रखता है। आपका प्रोत्साहन, धैर्य और विश्वास ही इस तरह की यात्राओं को संभव बनाते हैं। यह रचना उस प्रेरणा, प्रेम और ज्ञान के प्रति एक छोटी सी श्रद्धांजलि है जो आप प्रतिदिन इस दुनिया में लाते हैं।

Preface

कविता शब्दों की सजावट नहीं, बल्कि अनुभूतियों की वह निस्संकोच यात्रा है जहाँ मन अपने सबसे सच रूप में प्रकट होता है। जब विचारों की भीड़ में भावनाएँ रास्ता खोजती हैं, तब कविता जन्म लेती है—कभी मौन से, कभी पीड़ा से, और कभी अनकहे प्रेम से।

इस संग्रह की कविताएँ किसी एक विषय की सीमाओं में बंधी नहीं हैं। इनमें जीवन के वे क्षण समाहित हैं जो अक्सर हमारी आँखों से तो गुजर जाते हैं, पर शब्दों में ढल नहीं पाते—एक अधूरा संवाद, एक प्रतीक्षा, एक स्मृति, एक प्रश्न, और कभी-कभी एक उत्तर भी। यह कविताएँ न उपदेश देती हैं, न निष्कर्ष थोपती हैं; ये केवल साथ चलती हैं—पाठक के अनुभवों के समानांतर।

यह काव्य-संग्रह उन पाठकों को समर्पित है जो शब्दों में स्वयं को खोजते हैं, जो भावनाओं की गहराई से डरते नहीं, और जो जानते हैं कि कविता पढ़ना दरअसल अपने भीतर झाँकना है। यदि इन पंक्तियों में आपको कहीं अपना मन ठहरता हुआ महसूस हो, तो यही इस संग्रह की सबसे बड़ी सफलता होगी।

कविता का सत्य सार्वभौमिक होता है—वह हर पाठक के लिए अलग अर्थ रचती है। आशा है, यह पुस्तक आपके जीवन के किसी कोने में अपनी जगह बना सकेगी।

नितिन खन्ना

Acknowledgements

इस पुस्तक को लिखने की यात्रा के दौरान मेरा समर्थन और प्रोत्साहन देने वाले सभी लोगों के प्रति मैं हार्दिक आभार व्यक्त करना चाहता हूँ। अपने परिवार और मित्रों के धैर्य, समझ और निरंतर प्रेरणा के लिए मैं उनका बहुत आभारी हूँ। मेरे मार्गदर्शकों और शुभचिंतकों के मार्गदर्शन और अंतर्दृष्टि ने मेरे विचारों और कल्पनाओं को आकार देने में मदद की, इसके लिए मैं उनका भी हार्दिक धन्यवाद करता हूँ। अंत में, मैं उन सभी पाठकों का आभारी हूँ जिन्होंने इन पृष्ठों को पढ़ने के लिए समय निकाला—आपकी रुचि और प्रोत्साहन ने मेरे हर प्रयास को सार्थक बना दिया है।

1. फ़िक्र

फ़िक्र हो चली है मुझे अपनी,
कहीं मिल न जाये रास्ते में पत्नी

दबे दबे कदमों से जा रहा हूँ घर,
कहीं इंतेज़ार न हो रहा हो छत पर

सिसकियों की आवाज़ कानो मैं आयी,
मैं डर गया कहीं कोई खबर तो नहीं आयी

आज का दिन में कैसे भूल गया,
एक फूल लाना भी मैं भूल गया

बस वो आज मेरा इम्तेहान न ले,
हर एक गम का हिसाब न ले

थक हार कर घर के अंदर गया,
उनको न पा कर में डर गया

यह किस्सा हर रोज़ होता है,
उसको गुज़रे आज एक बरस होता है।।।

2. तेरी मोहब्बत

तेरी मोहब्बत में पागल यह शख़्स आज भी है ,
तू कल भी मेरे पास नहीं थी , तू आज भी मेरे पास नहीं है

बड़ी हसरते पाली थी हमने अपनी मोहब्बत की,
बस आज उस मोहब्बत में तू नहीं है, बस अकेला मैं हूँ

आईने में जब भी अक्स को देखा, चेहरा तेरा ही पाया,
तू तब भी आईने के उस पार थी , और में इस पार

बालों में भले ही सफेदी आ गई है हम दोनों के,
मैं आज भी उतना ही जवां हूँ , तू आज भी हसीन है ।।

3. तेरी आँखें और मोहब्बत

उम्र की उस मोड़ पर मिली हो तुम ,
यूँ खुल के मोहब्बत भी नहीं होती

तुम जब भी पास आते हो मेरे ,
गले लगाऊँ, पर जगह साथ नहीं देती

हर रोज़ सोचता हूँ कि भूल जाऊँ तुझे,
बस यही बात भूल जाता हूँ रोज़

अब जब तुम आ ही गए हो ज़िंदगी में ,
तो साथ रहना , उम्र बढ़ जाएगी मेरी

बस अब यूँ ही वक्त गुज़ारना है
तेरी आँखों में डूब जाना है,
तुम बस बातें करते रहो मेरे से,
भले ही तुम्हें मोहब्बत नहीं मुझसे ।।

4. कोई उम्र नहीं होती इश्क़ की

कोई उम्र नहीं होती इश्क़ की,
एक सच्चा हमसफर चाहिए, बस

कुछ दूर तो सब साथ चलते हैं,
उम्र भर साथ चले, वही चाहिए, बस

कंधे तो बहुत मिलते हैं, हर मोड़ पर,
वो कंधा, जिस पर रोएं, वही चाहिए, बस

गुलाब तो बहुत मिलते हैं, हर रास्ते पर,
झुल्फें मिल जाए, वही चाहिए, बस

आईने बहुत है मेरे घर में
कोई तो संवरे, वही चाहिए, बस

मोहब्बत बहुत है इस दिल में
इश्क के लिए दिल, वही चाहिए, बस

5. इमरती

इमरती, आखिर इतना क्यों इतराती है
सोचता हूँ, यह माया कहाँ से लाती है

भले तेरा स्वाद, निराला, इतराये क्यों,
माया तो मेरी ही जाये, तू इतराये क्यों

कुछ तो बात होगी, हाथों में उसकी,
इतराये इमरती, कला नहीं है उसकी

चटखारे ले खाऊं, तारीफ करूँ तेरी
जाने भले से यह तू, तभी फिरे इतराये

6. इन्तज़ार

बादल के पीछे से झांकता है कोई,
निग़ाहें मिलने से कतराता है कोई

बहुत ढूँढा उसे मैंने, बादल से भी पूछा,
गुमनाम है वो, बादल बोला, किसी और से पूछो

ढूँढने निकल गया उसे मैं बादलों के पार,
मिला नहीं मुझे वो, शायद है नदिया के पार

पूरी दुनिया ढूंढ़ी, किया उसका इन्तज़ार,
इस जन्म मैं मिले वो, खत्म हो इन्तज़ार

उम्र गुज़र गयी, पूरा हुआ इन्तज़ार,
ढूँढ रहा था जिसे, वह है मेरे ही भीतर

शिद्दत से उसे ढूँढा मैंने, अपने अंदर,
मुद्दत हो गई आज, एक इंसान है मेरे भीतर ।।

7. तुमसे आज फिर मिला

तुमसे आज फिर मिला, आखिर क्यों,
प्यार की वो तीस उठी, जाने क्यों

शायद यह चाहत मेरी, अधूरी तुम बिन,
जब तुम हो ही नहीं, अकेला हूं रात दिन

कुछ मोड़, पीछे छोड़ दिए,
नए मोड़, अपनाए, बहुत वीरान थे

कुछ नए चेहरे तलाशे, पर अधूरे थे,
तुम्हारे अक्स को ढूंढा उनमें, कोरे थे

जीवन, साथी से पूरा होता है,
साथी, बिछड़े तो जीवन अधूरा होता है ।।

8. बेबस सी हो चली है ज़िन्दगी

बेबस सी हो चली है ज़िन्दगी,
शिक़वा करें, तो रूठ जाती है

खिदमत करें, तो शक़ करती है,
जाने कहाँ चली गयी है ज़िन्दगी

ढूँढने चले तो थे तुझको ज़िन्दगी,
अपना अक्स ही मुँह मोड़ गया

आईना तराशा तो कुछ यह पाया,
खुद को जी ही न पाया मैं,

जिसको ढूंढ़ने निकला था,
वो मेरी कभी थी ही नहीं ज़िन्दगी ।।

9. तू आज भी मेरी साँसों में ज़िंदा है

तू आज भी मेरी साँसों में ज़िंदा है,
मेरी साँसे हैं, क्योंकि, तू ज़िंदा है

भूल के भी न भुला दूँ, ऐसी भूल की,
तुझे इतना चाहा, बस यही भूल की

मुस्कुराहट की चाह में, अपने से बैर,
इस चाहत में, अपने अधरो से किया बैर

रहा मेरा इश्क़ हमेशा एकतरफ़ा, क्यों
तेरी चाहत, में कभी न बना, क्यों

तुझे चाहना जीने का दस्तूर बनाया, क्यों
ज़िन्दगी में बाकी खुशियां ठुकराई, क्यों

अब कोई और है, मेरे अधरों की मुस्कुराहट,
साँसों से तुझे आज़ाद किया, यूँ ली करवट ।।

10. दिल

दिल के बिस्तर पर सब अस्त व्यस्त मिला,
ढूँढा, तो बरसों पुराना कोई पल मिला

कोई अधूरा सा ख्वाब ताकता मिला,
टटोला, तो बचपन का वो दोस्त मिला

जमावड़ा रिश्तों का लगा, हर्ष मिला,
पहचाना, तो अपना खून पराया मिला

हृदय मष्तिस्क से आज प्रेम से गले मिला,
आश्चर्य, तारीख में होली का त्योहार मिला

परछाइयों का कोई कुम्भ का मेला मिला,
जोड़ा, रोशनी के जाते ही बस अंधेरा मिला

फिर समेटा दिल के बिस्तर को सहेज कर,
यादें, पल, जोड़े, तो एक नया दिल मिला।।

11. यह ज़िन्दगी बहुत लंबी है

कोपल के खिलते ही, मुस्कुराहट फैल जाती है
तुम्हारे सामने है ज़िन्दगी,
और ज़िन्दगी के सामने तुम हो

हर एक पल को तुम जीते हो
तुम्हे बढ़ते देखती है कोई ज़िन्दगी
जहाँ तुम रुक जाते हो
तुम्हे थाम लेती है वो ज़िन्दगी

तुमने हर वक़्त यह सोचा, यह मेरी है ज़िन्दगी
कभी आजमां के तो देख, कैसी है उसकी जिंदगी
अपनी ज़िंदगी उसे दे कर देख,
सँवर जाएगी, यह तेरी ज़िन्दगी

देख, एक बार फिर बहार आयी है,
तेरे सामने जन्मी है, एक ज़िन्दगी
हँस, मुस्कुरा उस कोपल को देखकर
वो है, तेरी आने वाली ज़िन्दगी

रुक मत, चलता रह, चलना ही तो अंत है

अपनी ज़िंदगी से दूसरों को हँसा
खुशी फैला, अपनी ज़िंदगी किसी को दे
क्योंकि, ज़िन्दगी बहुत लम्बी है
बहुत मोड़ है यहाँ

हज़ारों ज़िंदगियाँ तुझे मिलेंगी,
कुछ बार बार मिलेगी,
मिलता रह, ज़िन्दगी बढ़ती रहेगी,
यह कविता भी बहुत लम्बी है,
ठीक मेरी ज़िंदगी की तरह
जो कभी खत्म नहीं होगी
चलती रहेगी.....चलती रहेगी...

12. अंतिम यात्रा

सब कुछ सिमट गया एक पोटली में,
क्या कोई एहसास है, उस पोटली में

जब अंत में तन्हा होना ही लिखा है,
फिर क्यों बोझ, संबंधों का ढोया है

कुछ क्षण की नम आँखें ही हैं यह,
कुछ क्षण के लिए ही डरी हुई हैं यह

बहुत कुछ समेटा था ज़िन्दगी में,
बिखर गया अग्नि की लपटों में

कोई उदास, कोई भीतर से खुश,
उसी के काम आया, जो है खुश

ज्ञान दे सब, अंतिम यात्रा की कथा पर
क्यों भुला दूं, कर्तव्य,
शवास के यूँ ही बंद होने के डर पर।।

13. चलो कुछ दूर साथ चलें

चलो कुछ दूर साथ चलें हम, आज फिर,
मोहब्बत तो नहीं, बस एक बार फिर

कब तुम रूठ गए, अलग हुए, पता ही न चला,
अरे गलती ही थी, किसकी, पता ही न चला

कुछ बातें करेंगे, शायद नई पहचान हो,
अब कब तक रूठेंगे, समझौता तो हो

पता है, आज भी हँसी गूंजती है तुम्हारी,
किस रस्ते आती है, कौनसी गली है तुम्हारी

अलबत्ता, उस हँसी में कोई दर्द नहीं,
गर साथी बिछड़े, दर्द, ज़रूरी तो नहीं

शुक्रिया तुम्हारे साथ का, कीमती हैं यह पल,
संजोये रखूँ इसे, अब जाने फिर कब आये ये ।।

14. नाराज़

थोड़ी नाराज़ चल रही है जिंदगी,
क़ैद हूँ, आज़ाद नहीं है जिंदगी

सिर्फ एक नए खिलौने की मांग थी,
क़ैद हूँ, मन मसोस कर रह गया

सैर के बहाने, खिलखिलाता था,
क़ैद हूँ, बस उम्मीद से देखता हूँ

जिह्वा का स्वाद, रास्ता बंद पाया,
क़ैद हूँ, बस मायूस हो कर रह गया

समय की रफ्तार, मध्धम नहीं है,
क़ैद हूँ, बस वक़्त गुज़रता नहीं है

आज भले ही क़ैद हूँ, पर उदास नहीं,
वक़्त गुज़रेगा, आज़ाद होगी फिर ज़िंदगी

दिल हो जाता है खामोश इस नाराज़गी से
उठ जाती है नाराज़गी खिलौने के साथ होने से ।।

15. उफ़, यह तेरी बदमाश निघाएँ

उफ़, यह तेरी बदमाश निघाएँ,
क़ायनात हिला दे, तेरी निघाएँ

बेहिसाब हो चला है, तेरा हुस्न,
अब क़त्ल ही करेगा, तेरा हुस्न

अब भी तुझे ही पाना चाहे दिल,
क्यों, बस तुझे ही पाना चाहे दिल

कोई बस बता दे, कहाँ है तू,
धड़कता है दिल, कहाँ है ।।

16. एकतरफ़ा

तेरी कमर की थिरकन पे, मचले मेरा मन,
आ, कभी मिल, अभी भी जवां है तेरा हुस्न

तेरी यादे, आज भी हैं, मेरे ख्वाबों का जरिया,
तेरे दीदार की चाह है, मेरे जीने का जरिया

तेरे दीदार की हसरत लिए, आया तेरी गली में,
कुछ न बदला, बस अब तू नहीं है, तेरी गली में

तुझसे मोहब्बत करना , क्या गलती थी मेरी,
मेरी ज़िंदगी, एक मज़ाक, न बने, कोशिश मेरी

शुरआत, देर से भले हो, पर अब नाकाम न हो,
अतीत भुला दिया, अब भविष्य नाकाम न ।।

17. ग़ुलाम

ज़िन्दगी कभी तेरी ग़ुलाम न होती, तो अच्छा,
तुमसे काश, मुझे मोहब्बत न होती, तो अच्छा

तेरे लिए वो कसमें, शायद तू भूलती, तो अच्छा,
कोई रोक दे वो लम्हे, गुज़ारे बाहों में, तो अच्छा

उम्र भर तराशते रहे, रिश्ते तराशते, तो अच्छा,
बीता वक़्त, काश जीने को मिलता, तो अच्छा

आईना काश, मेरे चुने शब्द बोलता, तो अच्छा,
धूल जो छाई, रिश्ते न ढक जाते, तो अच्छा ||

18. कोई तो बता दे

कोई तो बता दे, यह गम कहाँ है,
रूह चली गई, मेरा तन कहाँ है

दो शब्द बोलें, वो अधर कहाँ है,
मूक श्वास है, मेरी कलम कहाँ है

अश्रु की धारा हो, वो नेत्र कहाँ है,
सूख गए अश्रु, मेरा काजल कहाँ है

लिपट जाए बाँहें, वो कंधा कहाँ है,
दूर खड़ी है वो, मेरा साथ कहाँ है

19. बैचैन

जीवन की आपा धापी में प्रेम रह गया,
अगर कोई नहीं मिला, तो बैचैन हो गया

चंद सिक्कों का मोह, टेढ़े रास्तों को भूल गया,
बच्चों के मासूम सवाल, और बैचैन हो गया

शरीर में, आत्मा को ही किराये पर रखा गया,
अचानक, उसने किराया मांगा, बैचैन हो गया

स्वयं से अपेक्षाएं, पहाड़ खड़ा किया गया,
अपनों ने कुछ गिना दी, बैचैन हो गया

मूल्यांकन उसका हो, जो इसलिये बनाया गया,
लगाव का चुनाव सही हो, वरना, बैचैन हो गया

20. मौत की परछाई

श्वेत वर्ण का रूप लिए रूह के पीछे छुपे,
संग रहे हमेशा, बस काले वर्ण के पीछे छुपे

हक़ से मांगे वो अपना हक़, मूक शब्द से,
जीवंत परछाई को उम्र भर सहेजे मौत से

जीवित देह देखे न उसे, अपने में ही उलझे,
श्वेत मुख की चाह, श्वेत सत्य से कौन उलझे

आलिंगन का समय आया, श्वेत वर्ण ही मिला,
धूमिल हुआ कला वर्ण, देह माटी में मिला है

21. तेरी आँखें

बड़ी खूबसूरत हैं आँखें तुम्हारी ,
मुझे फिर इश्क़ करने को कहती हैं

तू बस हमें मोहब्बत करने की इज़ाज्जत दे,
हम ज़िंदगी भर तेर आँखें देखते रहेंगे

तेरी आँखों में वह सुरूर है , मेरी जाँ,
मिट जाऊँ बस, यूँ ही इस तरह

अब और नहीं होता हमसे इंतज़ार,
तेरी बाँहों में गुज़रे हर शाम

अब आ भी जा , गले हमसे मिल,
यह दिल धड़कता तो है , गले तो मिल

अब बस तेरी आँखें ही देखनी है,
कुछ और नहीं, बस यूँ ही देखनी है

www.ingramcontent.com/pod-product-compliance
Lightning Source LLC
Chambersburg PA
CBHW070655240926
51846CB00003BA/922
9789375435006